AF100672

www.ingramcontent.com/pod-product-compliance
Lightning Source LLC
LaVergne TN
LVHW010555070526
838199LV00063BA/4980

9789358729177

ملاقات

(شعری مجموعہ)

ڈاکٹر محمد علی اثر

© Mohammad Ali Asar

Mulaaqaat *(Poetry Collection)*
by: Mohammad Ali Asar
Edition: April '2024
Publisher :
Taemeer Publications LLC (Michigan, USA / Hyderabad, India)

ISBN 978-93-5872-917-7

مصنف یا ناشر کی پیشگی اجازت کے بغیر اس کتاب کا کوئی بھی حصہ کسی بھی شکل میں بشمول ویب سائٹ پر اَپ لوڈنگ کے لیے استعمال نہ کیا جائے۔ نیز اس کتاب پر کسی بھی قسم کے تنازع کو نمٹانے کا اختیار صرف حیدرآباد (تلنگانہ) کی عدلیہ کو ہو گا۔

© محمد علی اثر

کتاب	:	**ملاقات** (شعری مجموعہ)
مصنف	:	**ڈاکٹر محمد علی اثر**
صنف	:	شاعری
ناشر	:	تعمیر پبلی کیشنز (حیدرآباد، انڈیا)
سالِ اشاعت	:	۲۰۲۴ء
صفحات	:	۹۶
سرورق ڈیزائن	:	تعمیر ویب ڈیزائن

راحت سلطانہ
کے
نام

نام : محمد علی اثر

تعلیم : ایم۔ اے (گولڈ میڈلسٹ)، ریسرچ اسکالر، شعبہ اردو جامعہ عثمانیہ۔

قیام : "کاشانۂ اثر" 26/5-2-4-20، محبوب چوک حیدرآباد ۲

مشغلہ : لکچرر، آرٹس اینڈ سائنس کالج سکندرآباد

تصانیف

۱۔ غواصی، شخصیت اور فن ۱۹۷۷ء

۲۔ ملاقات (شعری مجموعہ) ۱۹۸۰ء

۳۔ دکنی شاعری کا تنقیدی مطالعہ زیر ترتیب

۴۔ آندھرا پردیش میں اردو کے بائیس سال (رپورتاژ) زیر ترتیب

ترتیب

پیش لفظ	پروفیسر غلام عمر خاں (صدر شعبۂ اُردو، عثمانیہ یونیورسٹی)	۹
تعارف	ڈاکٹر مغنی تبسم (ریڈر شعبۂ اردو، عثمانیہ یونیورسٹی)	۱۲
یہ مرا جسم اور جاں تُجھ سے		۱۴
سویرا جس کو کہتے ہیں وہ ہیں جلوے محمدؐ کے		۱۶
ملاقات		۱۸
المیہ		۲۰
ہمزاد		۲۱
ترے خیال کا سورج تو ڈوبتا ہی نہیں		۲۲
نظر سے دُور ہے پھر بھی نظر میں رہتا ہے		۲۴
کس جگہ ٹھہروں کہ ماضی کا سراپا دیکھوں		۲۵
شاعر کا تخیل جب اشعار میں ڈھلتا ہے		۲۷
فاصلہ		۲۸
پُرانے تماشے		۲۹
ہم عصر نقادوں کے نام		۳۰

۳۲	کسی کا نقش جو پل بھر رہا ہے آنکھوں میں
۳۴	نہ کوئی شور نہ آہٹ، نہ چاپ قدموں کی
۳۵	ستارے جگنو سہے ہیں زندگی تقسیم ہوتی ہے
۳۶	نئی غزل تو سنو اور نیا سخن دیکھو
۳۸	مناجات
۳۹	تسلی
۴۰	تبدیلی
۴۱	دن کا ماتم ہے روشنی کم ہے
۴۳	مرے وجود سے آتی ہے اک صدا مجھ کو
۴۴	شام کا رنگ چھپنا ہے ابھی
۴۵	سانس لیتا ہوا بے برگ شجر کیا ہے
۴۷	زوال
۴۸	ایک نظم
۴۹	حیدرآباد
۵۰	آنسوؤں میں کبھی دھلی ہے رات
۵۱	ہم کرب مسلسل سے گذر کیوں نہیں جاتے
۵۲	تلخیوں کا حساب آنکھوں میں
۵۴	دوستوں سے عمر بھر لڑتے رہے
۵۵	زدن مطالعہ
۵۶	ایک نظم

گریز	۵۷
آغاز انکھا ہو تو انجام نیا ہو	۵۸
پھر معجزہ فکر و نظر دیکھ رہا ہوں	۶۰
دلوں کے درد کا رشتہ مری تلاش میں ہے	۶۱
زندگانی ابھی دالبستہ ہے زنجیر کے ساتھ	۶۳
حبامہ عثمانیہ کی نذر	۶۵
ایک نظم	۶۷
دام لگا کر پرچھت اڑ گئے	۶۸
کبھی مقتل کبھی فضل ٹھہرا	۶۹
وہ کھڑکی اکیلے میں کھلنے لگی	۷۰
گنگناتی ہے غزل گاتی ہے	۷۱
جتنی شہرت اتنی ہی رسوائیاں	۷۲
حبا گئی آنکھ سو رہی ہے ابھی	۷۳
نذرِ حیات	۷۴
شہرِ شرافت	۷۵
خوشبو	۷۶
نظارہ گزر	۷۷
سراب نور سے دریا دکھلا دیتا ہے	۷۹
کھو گئی لب پہ دعا آنکھ کے اشک سے پہلے	۸۰
منتظر ایسا بھی سہانا تھا دو جہاں	۸۱

۸۲	زخموں کے پیوند سے بنتی رہی صبا
۸۳	طبیعِ آوارہ
۸۴	رفتار
۸۵	ایک نظم
۸۶	تلاشِ گمی
۸۸	گداگر بولی
۹۰	گیت
۹۲	دانشوری
۹۳	ایک نظم
۹۴	یادیں

پیش لفظ

محمد علی اثر شعبۂ اردو عثمانیہ یونیورسٹی کے ایک ہونہار ریسرچ اسکالر اور جز وقتی لکچرر ہیں۔ انہوں نے ۱۹۷۲ء میں ایم۔ اے کیا، اور سال کے امیدواروں میں اول آئے تھے، اور متعدد طلائی تمغوں کے مستحق قرار دیے گئے تھے۔ ملک الشعراء غواصی پر ان کا مقالہ، چند سال قبل کتابی صورت میں شائع ہو چکا ہے، جو علمی حلقوں میں پسندیدگی کی نگاہ سے دیکھا گیا۔ انہوں نے ڈاکٹریٹ کے لیے اپنا مقالہ "دکنی غزل کی نشو و نما" بھی چند روز قبل مکمل کیا ہے۔

محمد علی اثر ایک وقف شدہ طالب علم ہیں۔ میں ان کی اسی خوبی سے متاثر ہوں۔

تحقیق اور تخلیق دونوں میدانوں میں ان کی کاوشیں جاری ہیں۔ قدیم اردو، اور دکنی شعر و ادب کے شعبہ میں، انہوں نے جو تحقیقی کام انجام دیا ہے، اس کے پیش نظر مجھے یقین ہے کہ وہ بہت جلد، دکنی ادبیات کے معتبر محققین میں شمار ہونے لگیں گے۔

آٹھ سال قبل جب انہوں نے ایم۔ اے میں داخلہ لیا تھا، ان کے ذوقِ شعری نے ابتداً مجھے ان کی طرف متوجہ کیا تھا۔ موجودہ دور میں جب کہ بساطِ شاعری کے تازہ وارد، بالعموم اردو کے شعری سرمایہ سے آگاہی حاصل کیے بغیر، میدان میں کود پڑتے ہیں، محمد علی اثر نے اردو کے کلاسیکی شعراء کا توجہ سے مطالعہ کیا ہے، اور ان سے استفادہ کرنے کی کوشش کی ہے۔ گذشتہ بارہ پندرہ برسوں میں،

شعبۂ اردو کے جن نوجوانوں نے سنجیدگی کے ساتھ شعرگوئی پر توجہ کی ہے، ان میں اثر نمایاں حیثیت رکھتے ہیں۔ وہ سلیقہ کا شعر کہنے لگے ہیں۔ ان کے اشعار میں تجربہ اور احساس کی تازگی، اور اظہار و ابلاغ کی خوش سلیقگی ملتی ہے۔ پیش نظر مجموعہ میں بھی، جو ان کا پہلا مجموعہ کلام ہے، ایسے اشعار موجود ہیں جو قاری کے ذہن کو متاثر کیے بغیر نہیں رہتے۔

دن کا ماتم ہے روشنی کم ہے . ماہ و انجم کی آنکھ پُر نم ہے
اک نقش تصور میں کچھ ایسے لرزتا ہے . جس طرح سمندر میں مہتاب اترتا ہے
ایک سناٹے کا عالم ہے جہانِ گل میں . نبض احساس کے چلنے کے بھی آثار نہیں
بدن میں اترنے لگی چاندنی . شبِ ماہ جب نیند آنے لگی
دل کے گلشن میں بڑی رات گئے . روشنی سی کبھی ہو جاتی ہے
چھپی ہوئی ہے کوئی آگ سی ان نگاہوں میں . مرا وجود پگھلتا دکھائی دیتا ہے
اجڑ چکی ہے یہ بستی مگر وہ شخص ابھی . بڑے خلوص سے دل کے کھنڈر میں رہتا ہے

یہ اشعار اثر کے خوش آئند مستقبل کی غمازی کرتے ہیں۔ محمد علی اثر میرے ایک عزیز طالب علم ہیں، میں انہیں یہی مشورہ دیتا ہوں، اور دوسرے نوجوان شاعروں کو بھی یہی مشورہ ہے کہ وہ ذوق شعری کی تشکیل و ترتیب کے لیے، ہمارے کلاسیکی شعراء کے منتخب کلام سے استفادہ کریں۔ اور ولی، سراج، میر، غالب، حسرت، اصغر اور فراق جیسے فن کاروں کے کلام کا غائر نگاہ سے مطالعہ کریں۔ شاعری میں خواہ وہ جدید غزل ہو، یا آزاد نظم، نئے تجربات اسی وقت کامیاب ثابت ہوتے ہیں جبکہ شاعر کا ذوق و ذہن، ہمارے شعری ورثہ سے پوری طرح سیراب ہو۔ اس کے بغیر نئے تجربات کا تیر کبھی نشانہ پر نہیں بیٹھتا۔

محمد علی اثر کی تخلیقی کاوشوں میں، خلوص فکر، جذبہ کی تب و تاب، اور اظہار کا سلیقہ موجود ہے۔ مجھے امید ہے کہ مشق و مزاولت سے ان کی شاعری میں نکھار پیدا ہوگا، اور وہ اپنے ہم عصر شعرا میں نمایاں مقام حاصل کریں گے۔

(پروفیسر) غلام عمر خان

شعبہ اُردو، عثمانیہ یونیورسٹی

۲۵ر فروری ۱۹۸۰ء

تعارف

گزشتہ دہائی میں نوجوان اردو شاعروں کی جو نسل سامنے آئی ہے، ان میں محمد علی اثر نے پڑھنے اور سننے والوں کو خاص طور پر متاثر کیا ہے۔ ان کی نظمیں اور غزلیں ہندوستان اور پاکستان کے ادبی رسائل میں چھپتی رہتی ہیں۔ چند سال قبل جب یہ "جامعہ عثمانیہ" میں ایم۔ اے کے طالب علم تھے، ایک محفل میں انہوں نے اپنا کلام سنایا تو مجھے محسوس ہوا کہ اردو شاعری میں ایک نئی آواز ابھر رہی ہے۔ ان کے لہجے میں نرمی، ہلکا سا حزن اور خود کلامی کی جو کیفیت تھی، رفتہ رفتہ ان کے اسلوب کا جزو بن گئی ہے محمد علی اثر اردو شاعری میں دبے پاؤں داخل ہوئے، اس طرح کہ کسی کو ان کی آمد کا پتہ نہ چلے۔ انہوں نے کوئی نمائشی چونکا دینے والی نہیں کی۔ نہ تو کوئی نئی لفظیات داخل کیں اور نہ نظم کی ساخت میں کوئی تجربہ کیا۔ لیکن مانوس لفظیات ہی کے ذریعے شاعری میں اپنے منفرد تجربوں کو سمونے کی ضرور کوشش کی، اس کا اندازہ ان کی نظموں "تبدیلی" "ہمزاد" اور "المیہ" یا پھر ایسے اشعار کے مطالعے سے ہوتا ہے ؎

کب تک یونہی بھٹکیں گے تمنا کے مسافر
ماضی کے سمندر میں اتر کیوں نہیں جاتے

اب کے واپس کوئی آ جائے تو اس سے پوچھیں
غیر آباد علاقے کا سفر کیسا ہے

ممکن ہے کہ فرقت ہی میں آ جائے میسر
کچھ ایسا سکوں جو تری قربت سے سوا ہو

کلی چٹکنے کے عالم پہ چونک اٹھتا ہوں
سنا ہوا کوئی لہجہ دکھائی دیتا ہے

کب سے میں جاگ رہا ہوں یہ بتاؤں کیسے   آنکھ لگ جائے تو ممکن ہے سویرا دیکھوں
چاند بادل میں چھپ گیا ہے مگر   میری آنکھوں میں روشنی ہے ابھی

یہ اشعار محمد علی اثر کے طرز احساس اور ان کے شاعرانہ مزاج کی منفرد افتاد کی غمازی کرتے ہیں۔

محمد علی اثر کی شاعری کی عمر زیادہ نہیں ہے اور ان کا سرمایۂ شاعری مختصر ہے۔ اس لیے ابھی ان کی شاعری اور فن کے بارے میں کوئی حتمی رائے قایم نہیں کی جا سکتی اور نہ یہ بات مناسب ہوگی۔ اس مجموعہ کی شاعری کا مستقبل کے امکانات کی نشاندہی ضرور کی جا سکتی ہے محمد علی اثر کے مزاج میں جو اعتدال اور انکساری ہے وہ اس بات کی ضمانت ہے کہ سفرِ فن میں مختلف رکاوٹوں پر قابو پائے ہوئے ہیں، وہ بدیر سہی لیکن اپنی منزل کو ضرور پالیں گے۔ محمد علی اثر کے فن میں ابھی سے وہ صلابت نمایاں ہے جو انہیں جذبات سے مغلوب ہونے نہیں دیتی۔ اس کے علاوہ جذبات کو سہارنے اور احساس کو فکر میں ڈھالنے کی جو صلاحیت انہیں ودیعت ہوئی ہے وہ ایک فن کار کی حیثیت سے ان کے خوش آیند مستقبل کی ضمانت ہے۔ میں محمد علی اثر کو ان کے پہلے مجموعۂ کلام کی اشاعت پر مبارکباد دیتا ہوں، اور اُمید رکھتا ہوں کہ یہ ان کے شعری سفر کی منزل نہیں بنے گا بلکہ اس راہ کا پہلا قدم ثابت ہوگا۔

اللہ کرے مرحلۂ شوق نہ چھوٹے

(ڈاکٹر) مغنی تبسم

حمد

یہ مرا جسم اور جاں تجھ سے
آرزوؤں کا گلستاں تجھ سے

بے نہایت عنایتیں تیری
فکر و دانش کا اک جہاں تجھ سے

لامکاں پر ترا تصرف ہے
اور سارے زماں مکاں تجھ سے

ٹوٹتی ساعتوں کے صحرا میں
زندگانی کا ہر نشاں تجھ سے

رحم فرما زمین والوں پر
شش جہت، ہفت آسماں تجھ سے

آدمیت کی سرفرازی ہو
ابنِ آدم ہے ضوفشاں تجھ سے

ہفتِ افلاک، ہفت ہی اشعار
ہے اثرؔ کا قلم رواں تجھ سے

سویرا جس کو کہتے ہیں وہ ہیں جلوے محمدؐ کے
مرا سرمایۂ شعر و سخن صدقے محمدؐ کے

بلادِ شرق سے تا غرب ظلمت تھی اندھیرا تھا
عرب سے آفتاب ابھرا بنے نقشے محمدؐ کے

نہیں ملتی مثال ایسی خدا کے کارخانے میں
خطاکاروں کی بخشش کیلئے سجدے محمدؐ کے

چلو اے غم زدو تہذیب کے جامے پہ اتراتے
کھلے ہیں ہر بشر کے واسطے رستے محمدؐ کے

خدا کی مملکت میں جب بھی حرف آیا ہے آدم پر
کشادہ ہو گئے ہر عہد میں رشتے محمدؐ کے

چراغاں کا سماں ہے ہر طرف میلادِ انور پر
زمیں سے آسماں تک ضوفشاں جلوے محمدؐ کے

اثرؔ احمد، احد کے فرق در رشتے کو اگر سمجھو
خدا کے جتنے بندے ہیں وہ ہیں بندے محمدؐ کے

آسمانوں کا سفر، صدیوں کی گونج
اور حدیث عشق کی سچائیاں
سبز اندر سبز تنویریں تری
روشنی کی ہر طرف پہ چھائیاں

ملاقات

آپ اِس نام سے آشنا ہیں مگر
غور کیجئے تو شاید وہ منظر کھلے

لب بہ لب، زینہ زینہ
لہکتی ہوئی ساعتیں

کیسے دن رات تھے

ہم کہ جذبات کی چاندنی میں گھر بار تھے
خوب سرشار تھے

رُت جو بدلی تو سب وا ہمے سے لگے
ایسا کیوں ؟
آپ ہم تو وہی ہیں ابھی
اور جذبات
دن رات
بدلے ہوئے ہے
ٹھیک ہے!
موڑ تک تو چلیں
جاسکے پالیں کہیں۔

المیہ

چاہتیں!

ایک ایسا عمل ہیں

جنھیں

آپ ہم کب سے دہرا رہے ہیں

اسے خون کا سلسلہ

اور مٹی کی تقدیس کا ربط

اظہار کے واسطوں کا تسلسل ہی کہیے

مگر

کس کو مہلت کہ

فرسودہ باتوں پہ کچھ دھیان دے۔

ہمزاد

دوستوں کی رفاقتیں بھی درست
بھول جانے کا غم سوا، لیکن
یاد رکھیں تو وسوسے ہیں بہت
آنکھ، چہرہ، نظر کہاں سے لائیں
اپنے ہی گھر چلیں
ملیں سب سے
ہم میں اک دوسرا ہی بستا ہے
سچ ہے وہ، ہم سبھوں سے اچھا ہے۔

☆

ترے خیال کا سورج تو ڈوبتا ہی نہیں
مری نظر کو اندھیروں سے واسطہ ہی نہیں
زباں خموش رہے بھی تو آنکھ بول اٹھے
دلوں کا درد چھپائیں یہ حوصلہ ہی نہیں
مجھے حیات کی بیداریوں کا غم کیوں ہو
خمارِ نیم شبی ہے کہ ٹوٹتا ہی نہیں

کہاں لُٹا تمہاری آرزؤں کا سورج
ترے خیال کا پرتو یہ پوچھتا ہی نہیں

دِلوں کی تشنگی، احساس کا الم، غمِ ذات
یہ راز وہ ہے کوئی جسکو کھولتا ہی نہیں

تمہاری آنکھ کا آئینہ میری ذات میں ہے
کہ اب مجھے کسی سائے سے واسطہ ہی نہیں

میں اپنے خول سے باہر نکل سکوں کیسے
حصارِ جسم کچھ ایسا ہے ٹوٹتا ہی نہیں

صدا کا نقش کسی دِل کے لوح پر یوں ہے
کہ اک شرارِ نفس زخم رولتا ہی نہیں

☆

نظر سے دور ہے پھر بھی نظر میں رہتا ہے
چراغ بن کے مری رہگذر میں رہتا ہے

اُجڑ چکی ہے یہ بستی مگر وہ شخص ابھی
بڑے خلوص سے دل کے کھنڈر میں رہتا ہے

نہ جانے دن کے اُجالے میں کیوں نہیں ملتا
تمام رات مری چشم تر میں رہتا ہے

میں ڈھونڈتا ہوں تو مجھکو نظر نہیں آتا
وہ ایک شخص جو میرے ہی گھر میں رہتا ہے

اثرؔ دیارِ غزل میں قدم قدم اب بھی
شعورِ ذات برابر سفر میں رہتا ہے

☆

کس جگہ ٹھہروں کے ماضی کا سراپا دیکھوں
اپنے قدموں کے نشاں پر ترا رستہ دیکھوں
کب سے میں جاگ رہا ہوں یہ بتاؤں کیسے
آنکھ لگ جائے تو ممکن ہے سویرا دیکھوں
ناخدا ذات کی پتوار سنبھالے رکھنا
جب ہوا تیز چلے خود کو شکستہ دیکھوں

دن جو ڈھل جائے تو پھر درد کوئی جاگ اُٹھے
شام ہو جائے تو پھر آپ کا رستہ دیکھوں

اب یہ عالم ہے کہ تنہائی ہی تنہائی ہے
یہ تمنّا تھی کبھی خود کو بھی تنہا دیکھوں

دیدۂ خواب کو اُمیدِ ملاقات نہ دے
کس طرح اپنے ہی جذبوں کو سسکتا دیکھوں

رنگ دُھل جائیں غبارِ غمِ ہستی کے اثرؔ
اب کے منظر کوئی دیکھوں تو انوکھا دیکھوں

☆

شاعر کا تخیل جب اشعار میں ڈھلتا ہے
یادوں کے جھرو کے سے اک چاند نکلتا ہے
جس راہ پہ بچھڑے تم وہ راہ بجھی، لیکن
اب تک مری آنکھوں میں اک دیپ سا جلتا ہے
یخ بستہ فضاؤں سے جلتا ہے ہر منظر
جسموں کی تمازت سے احساس پگھلتا ہے
امروز کی آنکھوں میں خوابوں کی تھکن کیسی!
نیندوں میں ہماری کیا فردا ہی مچلتا ہے
اک بات نہ کہنے کی کہہ دی تھی اکیلے میں
لہجے کے آنسو سے کیوں مفہوم بدلتا ہے

فاصلہ

نئی تاریخ کے صفحات کیا لکھیں
کیسے سوچیں ؟
سبھی کچھ یوں ہے
جیسے زندگی مقتل میں لرزاں ہو
حکایت سے شکایت تک
وہی اک فاصلہ قائم ۔

پُرانے تماشے

اُترتی شام سے پوچھیں گے
جگنوؤں کا مزاج
جنوں کے شہر میں

راتوں کا کیا ہوا آخر
اُفق پہ یوں تو سمٹ آئے تھے

نئے منظر
سُلگتی آنکھوں میں حسرت

ہراس
تنہائی
تمام شہر تماشا بنا تھا
حیراں تھا
مگر جب آنکھ کُھلی

وہی پرانے تماشے تھے اور مداری نئے۔

ہم عصر نقادوں کے نام

اُسے لکھتے ہوئے ڈرتا ہوں

وہ ابلاغ ہے میرا

اُسے کہتے ہوئے رُکتا ہوں

وہ احساس ہے میرا

اُسے پڑھتے ہوئے اکثر ٹھہر جاتا ہوں آخر کیوں

قلم، کاغذ، سیاہی اور متن

سب کچھ وہی ہے

مگر سچ پوچھ

ابھی جیسے کمی ہے

مرے ہم عصر نقادو!

تم اتنا جانتے ہو تو

مجھے پرکھو، مجھے جانچو، مجھے الحذ کرو

یا پھر مجھے تسلیم کر لو۔

☆

کسی کا نقش جو پل بھر رہا ہے آنکھوں میں
بڑے خلوص سے گھر کر رہا ہے آنکھوں میں
کوئی اتھاہ سمندر رہا ہے آنکھوں میں
نہ جانے کون فسوں گر رہا ہے آنکھوں میں
زمیں سے تا بہ ثریا ہے روشنی، لیکن
یہاں تو رات کا منظر رہا ہے آنکھوں میں

تری نظر میں مروت اگر نہیں نہ سہی
مرا خلوص برابر رہا ہے آنکھوں میں

چلا گیا ہے تصور کی سرحدوں سے پرے
وہ ایک شخص جو اکثر رہا ہے آنکھوں میں

ابھی ابھی کوئی شہرِ طرب سے گزرا ہے
کسے دکھاؤں دھواں بھر رہا ہے آنکھوں میں

اثرؔ اسی کے سے اُجالا ہے میری دنیا میں
وہ ایک چاند کہ جو مر رہا ہے آنکھوں میں

وہ رُتوں کی جھرمٹیں، شہنائیاں ✤ اب کہاں اگلی سی وہ رعنائیاں
جیسے انساں کا مقدر ہو گئیں ✤ بے یقینی، رتجگے، تنہائیاں

☆

نہ کوئی شور نہ آہٹ نہ چاپ قدموں کی
کس احتیاط سے ملنے کو آ نکلتی ہے

تمام عمر اُداس دکھا ہے جس کے سبب
اُس ایک شخص کے حق میں دُعا نکلتی ہے

وہ ایک لڑکی بِجسے زعمِ خود شناسی ہے
کلاس رُوم سے اکثر خفا نکلتی ہے

"دروغِ مصلحت آمیز" کے خرابے میں
ذرا سی بات بہت دُور جا نکلتی ہے

ابھی کچھ اور ہیں اوراقِ گُل کی طرح اثرؔ
کہ جن کے حق میں برابر دُعا نکلتی ہے

☆

ستارے بجھ رہے ہیں زندگی تقسیم ہوتی ہے

سرِ مژگاں کوئی شئے شبنمی تقسیم ہوتی ہے

بنامِ ہوش یاں دیوانگی تقسیم ہوتی ہے

تمھارے شہر میں بے چہرگی تقسیم ہوتی ہے

شعورِ حریت جب ڈوب جائے گا اندھیرے میں

تو دیکھیں کس اُفق پر بندگی تقسیم ہوتی ہے

دکن کی سرزمیں ہے اب بھی روشن نورِ دانش سے

دیارِ علم و فن میں آگہی تقسیم ہوتی ہے

اثر دِل کے اُفق پر پھر نیا سورج اُبھر آیا

نفس کی آگ، غم کی روشنی تقسیم ہوتی ہے

☆

نئی غزل تو سنو اور نیا سخن دیکھو

غریبِ شہر وطن میں ہے بے وطن دیکھو
سنور رہا ہے اب اُجڑا ہوا چمن دیکھو
غُرورِ صبحِ تمنّا کا بانکپن دیکھو
تمھاری بزم میں ہنگامۂ جنوں کے بعد
بہت اداس ہے اک شمعِ انجمن دیکھو

بہار زخمِ تمنّا کا نام ہے شاید
گلاب کھل تو رہے ہیں چمن چمن دیکھو
عزیزِ مصر بنے پھر رہے ہو اِتراتے
مرا لباس نہیں اپنا پیرہن دیکھو
نہ کوئی پھول، نہ خوشبو، نہ برگِ سبز آشو
لہو لہو ہے بہاروں کا پیرہن دیکھو

وہی سخن جو دریچوں سے چھن کے پہنچا ہے ؎ اسی سخن کو حدیثِ غمِ جہاں کہیے
جہاں بہار نہ ٹھہرے، جہاں کلی نہ کھلے ؎ یہ حکم ہے کہ اسے بھی تو گلستاں کہیے
ان آندھیوں میں حوادث کے تند طوفاں میں ؎ جو جل رہا ہے اسے شمعِ عاشقاں کہیے

مناجات

وحشتوں کے سراب موسم میں
بے گناہی بھی جرم ٹھہرے گی
اب عقیدوں کے اوڑھنے سے کیا
فلسفے ریزہ ریزہ بکھرے ہیں
قتل گاہیں قدم قدم دیکھیں
آج جیسے بھی ہیں غنیمت ہیں
کل کے بارے میں سوچنا کیا ہے
دھند پھیلی ہوئی ہے چار طرف
جسم اور روح دونوں پژمردہ
المدد !
دو جہان کے مالک۔

تسلّی

اُترتی رات کے زینے سے لگ کر سوچتا ہوں
صبح جب ہوگی
میں اپنی جستجو میں چل پڑوں گا
ساعتوں کے ٹوٹتے صحرا سے نکلوں گا
نئی منزل، نیا جادہ، اُجالا ہی اُجالا
دُور تک انسانیت کا بول بالا
خیال اچھا ہے خود کو بھول جانے کا
چلو یوں بھی تو کر دیکھیں۔

تبدیلی

اُترتی شام کے زینے پہ
رُک کر
نئے دن کا کوئی منظر تو دیکھیں
ذرا یکساں فضا کا کرب ٹوٹے۔

☆

دن کا ماتم ہے، روشنی کم ہے
ماہ و انجم کی آنکھ پُرنم ہے
صبح، اک سنگِ میل خوشیوں کا
رات تو صرف وقفۂ غم ہے
اب تو اُمید کا دِیا بھی نہیں
سانس رکتی ہے زندگی کم ہے

پھر وہی تیرگی، وہی افسوں
زُلف کی برہمی کا ماتم ہے
ہم نہیں جانتے خوشی کیا ہے
آنکھ پُرنم تھی، آنکھ پُرنم ہے
یہ جہاں کیا ہے، اک رمِ آہو
استعارہ ہے اور مبہم ہے
فکر سے آنچ اُٹھ رہی ہے اثر
شاعری کا مزاج برہم ہے

یاس کے بیکراں سمندر میں زندگی ڈوب جاتی ہے
کوئی چہرہ نظر نہیں آتا جب کبھی تیری یاد آتی ہے

☆

مرے وجود سے آتی ہے اک صدا مجھکو
کہ میرے جسم سے کر دے کوئی جدا مجھکو

مری تلاش کا حاصل فقط تحیّر ہے
میں کھو گیا ہوں کہاں خود نہیں، پتہ مجھکو

ہوں اپنے جسم کے اندر سمٹ کے بیٹھا ہوں
بلا رہا ہے کہیں دُور سے خدا مجھکو

میں تجھ کو دیکھوں مگر گفتگو نہ کر پاؤں
خدا کے واسطے ایسی نہ دے سزا مجھکو

وہ لہجہ اب بھی تصوّر میں گونجتا ہے اثر
وہ چہرہ اب بھی دکھاتا ہے حافظہ مجھکو

☆

شام کا رنگ چمپئی ہے ابھی
دن کے چہرے پہ تازگی ہے ابھی

بجھتے بجھتے اُفق پہ سورج نے
ایک تازہ غزل کہی ہے ابھی

تو ملا بھی تو یوں ہوا محسوس
جیسے مجھ میں کوئی کمی ہے ابھی

رنگ اُڑنے لگا ہے پھولوں کا
"کوئی تازہ ہوا چلی ہے ابھی"

بے یقینی کی ساعتوں میں اثرؔ
ایک آواز گونجتی ہے ابھی

☆

سانس لیتا ہوا بے برگ شجر کیسا ہے
برف باری میں یہ جلتا ہوا گھر کیسا ہے
اب کے واپس کوئی آجائے تو اُس سے پوچھیں
غیر آباد علاقے کا سفر کیسا ہے
کوئی چہرہ بھی دکھائی نہیں دیتا مجھ کو
یہ دُھواں دیکھئے تا حدِ نظر کیسا ہے
میری آواز میں آواز مِلا دیتا ہے
میرے اندر وہ جو پنہاں ہے بشر کیسا ہے

تیرہ بختوں کی نگاہوں میں کہاں ہے سورج
شب کا افسانہ بعنوانِ سحر کیسا ہے
ہر طرف پھیلا ہے گم گشتہ فضاؤں کا دھواں
کوئی دیکھے یہ سرابوں کا نگر کیسا ہے
اب کے فرصت جو ملے ہم بھی ادھر ہو آئیں!
شاعری کرنے کا یاروں میں ہنر کیسا ہے
ساری دنیا کی نگاہوں میں اثرؔ کچھ بھی سہی
فیصلہ آپ کو کرنا ہے اثرؔ کیسا ہے

احساس کی وادی میں طوفان کوئی اٹھتا ہے
اک خواب سسکتا ہے اک زخم سلگتا ہے
سوچو تو حقیقت میں ہے روشنی مانگے کی
دیکھو تو فلک پر اک مہتاب چمکتا ہے

زوال

مشینی زندگی جینا
بٹن کے ساتھ حرکت اور حرارت
بلمس کا احساس کر جانا
تقاضا تو نہیں، لیکن
ہنر ٹھہرے تو کیا کیجے۔

ایک نظم

جو ہم چھلکائیں جامِ ارغوانی
بہک جائیں سبھی
غنچے چٹک جائیں
بدلیاں گھر گھر کے آئیں
اور کہانی اک نئی رت کی سنائیں
دَف بجا کر گیت گائیں
مگر وہ تشنگی ہے

جیسے میخانہ نہیں، صحرا میں تپتے ہیں
وہی موسم، وہی جلتی ہوائیں
خوف کے عفریت بادل
نہ شادابی، نہ سرسبزی
فضا یرقان جیسی چار سُو ہے۔

حیدر آباد

ٹھیک ہے اور تحقیق بھی واجبی
وہ جو تخلیق کے فن میں چالاک ہیں
حیدر آباد کو خلق کرنے چلے
چار مینار کی ایک تہذیب تھا
فن میں فن کار میں فاصلہ
بے زمینی کا اک مرحلہ
میں نہیں
میرے کچھ ہم وطن
بے وطن بھی تو ہیں۔

☆

آنسوؤں میں کبھی ڈھلی ہے رات
درد بن کے کبھی اُٹھی ہے رات

پھر اجالوں کا خوں ہوا شاید
قتل گاہوں میں بٹ گئی ہے رات

کوئی سورج کہیں سے آجائے
کتنی ویران ہو گئی ہے رات

صبح سے ہمکلام ہونے کو
"زینہ زینہ اُتر رہی ہے رات"

دِل میں کہرام کم نہ ہوگا اثرؔ
تم بھی سو جاؤ سو گئی ہے رات

☆

ہم کربِ مسلسل سے گذر کیوں نہیں جاتے
سانسوں کے یہ طوفان ٹھہر کیوں نہیں جاتے
کب تک یوں ہی بھٹکیں گے تمنّا کے مسافر
ماضی کے سمندر میں اُتر کیوں نہیں جاتے
حالات کے صحرا میں بھٹکتے ہوئے راہی
حیرت ہے سرِ شام بھی گھر کیوں نہیں جاتے
اُیٹم کوئی سینے میں اگر جاگ رہا ہے!
پُرزے مری ہستی کے بکھر کیوں نہیں جاتے
برگد کی طرح برسوں سے ٹھہرے ہیں زمیں پر
لمحات کی مانند گذر کیوں نہیں جاتے

☆

تلخیوں کا حساب آنکھوں میں
اک مکمل کتاب آنکھوں میں
اک شگفتہ گلاب آنکھوں میں
شخصیت کی شراب آنکھوں میں
وقت بے وقت جاگ اٹھتے ہیں
عہدِ ماضی کے خواب آنکھوں میں

کتنے سیلاب روک رکھا ہے
تشنگی کا سراب آنکھوں میں

آپ چاہیں تو کھِل اُٹھے گا ابھی
زندگی کا گلاب آنکھوں میں

چاند نکلا ہے تیری یادوں کا
ہے شبِ ماہتاب آنکھوں میں

جرعہ جرعہ اثر غزل ہے کے
شاعری کی شراب آنکھوں میں

زندگی کے کرم دیکھئے
دیکھئے چشم نم دیکھئے
غم سے دامن بچاتے تھے جو
ہیں گرفتارِ غم دیکھئے

☆

دوستوں سے عمر بھر لڑتے رہے
دشمنوں کے واسطے اچھے رہے
لوگ آئینوں کی صورت تھے مگر
خوف تھا ایسا کہ سب ڈرتے رہے
راستوں کے پیچ وخم کے باوجود
دل کی بستی کی طرف چلتے رہے
سایہ سایہ زندگی چلتی رہی
فاصلے گھٹتے رہے، بڑھتے رہے
غم نصیبوں کی بھلا اوقات کیا
زندہ رہنے کے لیے مرتے رہے
زندگی قسطوں میں لکھی تھی اثرؔ
ہر نئے غم کو لیے ہنستے رہے

ذوقِ مطالعہ

بدن کی شاعری
بے حرف نظمیں
لکیریں آڑھی ترچھی سی
کہیں گولائیاں روشن
عمودی خط
خفی اور بیضوی حلقے
اِسے پڑھنے سے کیا حاصل
کتابوں کے ورق اُلٹیں
تلاشیں ــــ
ایک چہرے کو
اُسے ڈھونڈیں کہ جی بہلے ہمارا ۔

ایک نظم

دودھ کی بوتلوں سے بھری
عورتیں
دوپہر میں دفتروں سے بس اسٹانڈ پر
آتی ہیں تو کتنی میلی لگتی ہیں
ایسا کیوں۔
نئے رُتوں کی نظم لکھتے ہوئے
میں اکثر دیکھتا اور سوچتا ہوں۔

گریز

کڑوا، نمکین اور ترش
بالکل ماحول ایسا
کسی کے لمس کا ذائقہ
عصریت کی دین لگتا ہے
ٹھیک ہے
روایت سے نجات تو ملی نا۔

☆

آغاز انوکھا ہو تو انجام نیا ہو
وہ درد عطا کر جو کسی کو نہ ملا ہو

ممکن ہے کہ فرقت ہی میں آجائے میسّر
کچھ ایسا سکوں جو تری قربت سے سوا ہو

بے وجہ پریشانیٔ خاطر نہیں یارو
شاید مجھے صحرا میں کوئی ڈھونڈ رہا ہو

یہ سوچ کے روتا ہوں کہیں بھول نہ جائے
وہ شخص جسے میں نے بہت یاد کیا ہو

ہم ٹوٹ چکے ہیں تو بکھر جائیں گے اک دن
جیسے کہ جہاں میں کوئی آیا نہ گیا ہو

پیغامِ نمو لائے بہاراں تو مجھے کیا
وہ برگِ خزاں دیدہ ہوں جو ٹوٹ گیا ہو

یہ فکرِ سخن ہے اثرِ جذبۂ بے نام
شاید مرے اندر سے کوئی بول رہا ہو

نفس نفس میں کوئی حادثہ لگے ہے مجھے
ترے خیال سے بھی خوف سا لگے ہے مجھے
عجب دیار ہے یہ شہرِ دلبراں یارو!
ہر ایک شخص یہاں ٹوٹتا لگے ہے مجھے

☆

پھر معجزۂ فکر و نظر دیکھ رہا ہوں

لفظوں میں رواں خونِ جگر دیکھ رہا ہوں

اک نور سا حدِ نظر دیکھ رہا ہوں

ہر سمت ہے آئینہ جدھر دیکھ رہا ہوں

مجھ کو مرے بڑھتے ہوئے احساس نے مارا

اربابِ محبّت کی نظر دیکھ رہا ہوں

اُترے ہوئے چہروں پہ ہے محنت کا پسینہ

جلتا ہوا تدبیر کا گھر دیکھ رہا ہوں

ہر سمت آتش آگ، دھواں، خون کرا ہیں

اس دَور میں کیوں خوف و خطر دیکھ رہا ہوں

☆

دلوں کے درد کا رشتہ مری تلاش میں ہے
کسی کا عہدِ تمنّا، مری تلاش میں ہے

نہ جانے کب سے تعاقب میں ہے کوئی سایا
کسی کا نقشِ کفِ پا، مری تلاش میں ہے

وہ شخص مجھ سے بچھڑ کر بھی جو اداس رہا
شغل ہے اب وہ دوبارہ، مری تلاش میں ہے

نفس نفس کوئی آواز دے رہا ہے مجھے
نہ جانے کون خدایا، مری تلاش میں ہے
کسی کے قدموں کی آہٹ سنائی دیتی ہے
یہیں کہیں کوئی سایہ مری تلاش میں ہے
نہ جانے کون تھا صحرا میں جس کو دیکھا تھا
وہ ایک شخص مجھی سا، مری تلاش میں ہے
وہ لمحہ جسکو میں صدیوں سے ڈھونڈتا ہوں اثر
سنا ہے اب وہی لمحہ، مری تلاش میں ہے

اک نقش تصور میں کچھ ایسے لرزتا ہے
جس طرح سمندر میں مہتاب اترتا ہے
تخلیق کا جب سورج سینے میں ابھرتا ہے
سو عکس سلگتے ہیں اک عکس بکھرتا ہے

☆

زندگانی ابھی وابستہ ہے زنجیر کے ساتھ
اور زنداں سے نکلنے کے بھی آثار نہیں
ہر قدم موت ہے اربابِ نظر کے حق میں
اب کسی موڑ پہ جینے کے بھی آثار نہیں
ایک سناٹے کا عالم ہے جہانِ گل میں
نبضِ احساس کے چلنے کے بھی آثار نہیں

اپنے حالات کا ہر شخص تماشائی ہے
اور سورج کے نکلنے کے بھی آثار نہیں
غمزدو تم ہی تو مہتاب اچھالو کوئی
اب شبِ تار کے ڈھلنے کے بھی آثار نہیں
فکر و فن کھو چکے اس شہر میں تقدیس اثرؔ
اس خرابے میں تو جینے کے بھی آثار نہیں

کام کرنا ہے گزر جانا ہے
زندہ رہنا ہے کہ مر جانا ہے

دن تو انجمن میں بسر ہو ہی چکا
شام ہونے کو ہے گھر جانا ہے

جامعہ عثمانیہ کی نذر

جامعہ فکر و تہذیب کی انجمن

جامعہ آگہی کی سنہری کرن

تیری آغوش میں زندگی موجزن

از افق تا افق روشنی کا چلن

جامعہ میرے خوابوں کا نیلا گگن

جامعہ تیرے الطاف کی چاندنی

چپہ چپہ پہ ہے ہند کے ضو فگن

تیری ممنونِ احساں ہے اُردو زباں

اس کا حسنِ بیاں اس کا طرزِ سخن

تو کہ ہے محسنِ قوم شانِ وطن

ہندو مسلم ثقافت کی مظہر ہے تو
ایکتا کی روایت کی پیکر ہے تو
بام و محراب سے ہے ترے آشکار
مشترک قومیت کی پیمبر ہے تو

تو کہ ہے رنگ و نکہت کا اک پھولبن

شمع علم و ہنر جگمگاتی رہے
جہل کی تیرگی کو مٹاتی رہے
اے اثر تا قیامت مری جامعہ
روشنی میں یونہی مسکراتی رہے

تو ہے مینارۂ نورِ ارضِ دکن

ایک نظم

نہیں، وہ بھی نہیں
وہ بھی نہیں
کوئی نہیں ہے
کواڑیں بند کر لو!
کوئی بھی تو نہیں ہے اس نگر میں
مجھے جانا ہے، خوابوں کے جزیرے میں
کوئی تو ہمنوا مل جائے گا۔

دام لگا کر پچھتاوگے

چہرہ ، چہرہ ، آنکھیں ، آنکھیں
آنسو سیپ نہ بننے پائیں
نا کہلائیں موتی
آنسو تو آنسو ہی اچھے
آنکھوں میں لرزاں لرزاں
تم کیا سمجھو ، تم کیا جانو
آنسو کی تقدیسِ وفا کو
یہ وہ دیپ ہیں جو سجتے ہیں
دنیا کے بازاروں میں
آنسو سیپ اور موتی سے بھی لاقیمت ہیں
دام لگا کر پچھتاوگے۔

☆

کبھی مقتل، کبھی محفل ٹھہرا

اک جزیرہ جو مرا دل ٹھہرا

کتنے چہرے تھے برابر لیکن

ایک چہرہ ہی مقابل ٹھہرا

جس کو اک عمر بھلایا ہم نے

اب وہی فکر کا حاصل ٹھہرا

دل میں طوفان اٹھے ہیں کیا کیا

جب سفینہ لبِ ساحل ٹھہرا

شاعری جس کا اشارہ ہے اثرؔ

وہی جادہ، وہی منزل ٹھہرا

وہ کھڑکی اکیلے میں گانے لگی
چلو اپنی محنت ٹھکانے لگی
ملی تھی اکیلے میں مجھ سے مگر
یہی بات سب سے چھُپانے لگی
بدن میں اُترنے لگی چاندنی
شبِ ماہ جب نیند آنے لگی
ہوا کان رکھتی ہے سُنتا نہیں
پہاڑوں سے آواز آنے لگی
اثر روشنی، روشنی، روشنی
سیاہی اُجالوں کو کھانے لگی

☆

گنگناتی ہے غزل گاتی ہے
جب بھی ملنے کو چلی آتی ہے
دل کے گلشن میں بڑی رات گئے
روشنی سی کبھی ہو جاتی ہے
نغمہ و شعر ہے ہر عضوِ بدن!
کس قدر شوخ وہ مدماتی ہے
درد کی آگ میں تپتی ہے تو پھر
شاعری دادِ ہنر پاتی ہے
آرزو حسن کی دنیا سے اثرؔ
غم کی سوغات اٹھا لاتی ہے

☆

جتنی شہرت اتنی ہی رسوائیاں
انجمن کے نام پر تنہائیاں

لمس کی خوشبو، بدن کی چاندنی
روشنی کی ہیں بہار آرائیاں

وہ ملاقاتیں، مدارا تیں گئیں
ساتھ چلتی ہیں مگر پرچھائیاں

ہم سے پہلے بھی ہوئے شاعر بہت
درد لیتا ہی رہا انگڑائیاں

ہم نے وہ منظر بھی دیکھا ہے اثرؔ
بولتی ہیں دار پر سچائیاں

(اپنی مرحوم بیٹی کی نذر)

جاگتی آنکھ سوچتی ہے ابھی
اس کی یادوں میں موہنی ہے ابھی

شاخ پر ایک پھول مہکا تھا
بادِ صرصر اُڑا گئی ہے ابھی

چاند بادل میں چھُپ گیا ہے مگر
میری آنکھوں میں روشنی ہے ابھی

غم کی پلکوں پہ عکس لرزاں ہیں
صبح شاید کٹی پھٹی ہے ابھی

مٹ چکے ہیں اگرچہ نقشِ قدم
ایک آواز آ رہی ہے ابھی

موت شہر دل میں پھر رہی ہے اثرؔ　　خیریت پُوچھ کر گئی ہے ابھی

نورِ حیات
(ماں کے قدموں میں)

وہ آنکھیں، مہرباں، مشفق
سہارا زندگی کا
میں جس کی گود میں کھیلا کیا برسوں
گھر آنگن سے حیاتِ نو کی ہر اک رہ گذر
نقشِ قدم اس کے
اسی کے دودھ کی ساری لطافت
فکر و فن میرا
مری تخلیق کا روشن اُجالا
چاہتیں اس کی
اسی کی بے نہایت آرزو کا باب اوّل ہوں
وہ ماں جس کا تقدس ابرِ رحمت ظلِّ یزداں ہے
خدا رکھے سلامت رہتی دنیا تک۔

شہرِ شرافت

(والدِ گرامی کے حضور)

مرا شعور، مرا فن، مری تمام حیات
سبھی تو ان کا کرم ہے، عنایتیں ہیں مدام

مرے لہو میں حرارت انھیں کے دم سے ہے
میں جس کو شہرِ شرافت لکھوں وہی تو ہیں

اُداسیوں کے اندھیرے میں روشنی جیسے

مری کتابیں، مرا علم، میرا سرمایہ
انھیں کے نام سے منسوب کر کے خنداں ہوں

وہ جس کی چاہتیں سرمایۂ بہاراں ہیں
میں اس جناب میں سر کو جھکا کے کہتا ہوں

خدا کرے کہ تمھیں عمرِ خضر مل جائے

خوشبو
(نصف بہتر کے لیے ایک نظم)

پھول، خوشبو، مہک، شاعری

پیار، نغمہ، وفا، چاندنی

ایک ہی نام کے روپ انوپ

اس کے بارے میں لکھوں اگر

حسن محدود ہو جائے گا

جو میری نصف بہتر ہے

میرے لیے

پھول، خوشبو، مہک، شاعری

پیار، نغمہ، وفا، چاندنی

اور سب کچھ وہی ہے۔

نئی رہ گذر

(اپنے بچوں کے نام)

اُجالا، تمنّا، نئی رہ گذر
صنوبر سی لڑکی، گُلِ تر سا پھول
مری زندگی کا سُنہرا اصول
مجسم مہک، نغمگی، روشنی
مرا علم و فن اور مری شاعری

زندگی ، چاندنی ، سرخوشی ، آگہی
ستاروں کی صورت درخشاں رہیں
زمانے میں خورسند و رقصاں رہیں
مرے پھول بن میں غزلخواں رہیں
گلستانِ تہذیب میں یہ گلاب
مہکتے رہیں اور خنداں رہیں
اثرؔ کی بس اتنی دُعا ہو قبول
صنوبر سی لڑکی اگلِ تر سا پھول
مری زندگی کا سنہرا اصول۔

نذرِ جامی

سراب دور سے دریا دکھائی دیتا ہے
"ترا خیال بھی تجھ سا دکھائی دیتا ہے"
جہاں جہاں نگہ جستجو ٹھہرتی ہے
کسی کا نقشِ کفِ پا دکھائی دیتا ہے
چھپی ہوئی ہے کوئی آگ اُن نگاہوں میں
مرا وجود پگھلتا دکھائی دیتا ہے
نہ جانے کتنے ستاروں کا دل جلا ہو گا
سرِ اُفق جو اُجالا دکھائی دیتا ہے
کلی چٹکنے کے عالم پہ چونک اُٹھتا ہوں
سُنا ہوا کوئی لہجہ دکھائی دیتا ہے

نذرِ مخدوم

کھو گئی لب پہ دُعا آ کے اثر سے پہلے
"سو گیا ساز پہ سر رکھ کے سحر سے پہلے"
تم نے دیکھا بھی ہے وہ کون تھا بیمار و خراب
تم نے اک آہ سُنی ہو گی سحر سے پہلے
گردشِ شمس و قمر زیرنگیں ہے کہ نہیں
نام آتا ہے ترا شمس و قمر سے پہلے
اب تری یاد سے یوں حالتِ دل ہوتی ہے
جیسے کشتی کہیں ڈوبی ہے بھنور سے پہلے

★

منظر ایسا ہی سہانا تھا وہاں
جی لگانے کا بہانا تھا وہاں

راستے بھاگ رہے تھے لیکن
یوں ہی سہما ہوا ٹھہرا تھا وہاں

اپنے سائے سے ملاقات ہوئی
رات سپنا کوئی دیکھا تھا وہاں

دھوپ بہتی ہوئی ندی کے سمان
وہ کہ برگد سا اکیلا تھا وہاں

رات روشن تھی، سجیلی تھی مگر
دن جو نکلا تو اندھیرا تھا وہاں

ہم بھی کچھ وقت گزار آئے اثر
رنگ اور روپ کا میلہ تھا وہاں

پرچمِ حیات

زخموں کے پیرہن سے لپٹتی رہی صبا
جب رات ڈھل چکی تو سحر کا گجر بجا

سورج نے زندگی کے خزانے لٹائے ہیں
ہر سمت آرزو کا سویرا مہک اٹھا

زنداں تمام صحنِ چمن، شہرِ جستجو
چہرے بجھے بجھے سہی اک رنگ تو کھلا

تہذیبِ حریت نے کیا اہتمامِ گل
تاریخ کی رگوں میں لہو دوڑنے لگا

سورج بکف شعور کی منزل نظر میں ہے
آگے قدم بڑھاؤ سمٹتا ہے فاصلہ

جب پرچمِ حیات کھلا، بام پر اثر
عالم تمام مطلعِ انوار ہو گیا

طیرِ آوارہ

رات دِل کے آنگن میں
ایک طیرِ آوارہ
سیٹیاں بجاتا تھا
من کو گدگداتا تھا
تیرگی کے جنگل میں صبح کی کرن چمکی
اور وہ طیرِ آوارہ
آپ اپنے زنداں میں پھر سے ہوگیا محبوس!

رفتار

ملاقات خود سے اگر اب کے ہو گی
تو احوال پوچھیں گے کیسے ہو صاحب
مگر اتنی فرصت کہاں ہے
چلو اپنا بستہ سنبھالو

"جامعہ" میں بہت کام ہیں

روشنی، جستجو، علم، تحقیق، دکنی ادب
پھول، کانٹے، وفا، توبہ توبہ۔ تھکن
پھر سے تلووں میں کیسی جلن
آئینہ دیکھ کر کیا کریں
سوچتے ہیں کہ ٹھہریں، چلیں
"جامعہ" میں بہت کام ہیں
پھر تو مکتب چلیں

ایک نظم

قباحت نہیں اُس سے ملنے میں لیکن
چلیں گے کبھی ، اب نہیں
تم تو بیٹھو۔
سرِ شام نکلے ہو
دن کیسے بیتا !
چائے ، کافی چلے گی
کہ وہسکی۔
....
....

تلاشِ گل

سُبک سی، ننھی سی، خوبصورت
کہ جیسے مہتاب کی ہو دختر
وہ ایک لڑکی
ہزار فتنے جلو میں لے کر
رواں دواں ہے
نہ جانے کس کی تلاش میں ہے
نظر میں صبحِ بہار رقصاں

جبیں ستاروں سے ہے چراغاں

قدم قدم لغزشوں کے ساماں

وہ بنتِ حوّا

سبک سی، ننھی سی، خوبصورت

وہ ایک لڑکی

روش روش اور ڈگر ڈگر پہ

ہزار انداز اور ادا سے

نہ جانے کس کی تلاش میں ہے

جنوں کی پگڈنڈیوں سے ہو کر

نہ جانے کس راہ پہ جا رہی ہے !

گدا گر لڑکی

میں معذور گداگر لڑکی

غور سے تم کیوں دیکھ رہے ہو

مجھ میں آخر کیا رکھا ہے ؟

آنکھوں میں ہے شامِ غریباں

اور پلکوں پہ اشکِ ندامت

غور سے تم کیوں دیکھ رہے ہو

میں معذور اپاہج لڑکی

ایک گداگر اک سودائی

اپنی تونگر آشناؤں کی جیب سے اک پیسہ ہی دیدو

مجھ کو غور سے یوں نہ دیکھو،

میری یہ رنجور حیرانی، میرا یہ مغموم سراپا

تم کو بھی مفلس نہ بنا دے

میں ناگن ہوں ڈسنے والی

اپنی تباہی کے بدلے میں اک اک کو برباد کروں گی

بس سے بھری چنگاری ہوں میں

میں معذور اپاہج لڑکی
ایک گداگر، ایک سودائی۔

گیت

عمرِ رواں ایک سیلِ مسلسل

کشتی پگ پگ ڈولے

نت کھائے ہچکولے

مانجھی! آس کی ڈور نہ ٹوٹے

دھیان رہے پتوار نہ چھوٹے

نیّا تیز چلانا

سانس نہ تیری پھولے مانجھی

سانس نہ تیری پھولے

کشتی پگ پگ ڈولے

باڑھ پہ ہے ندیا البیلی
پیچ بھنور اور سرکش موجیں

زوروں پہ طوفان

دھیان لگے ناداں

مانجھی!
کشتی تیز چلانا

عمرِ رواں اک سیلِ مسلسل

باڑھ پہ طوفاں

تیز تھپیڑے
مانجھی! کشتی پار لگانا

ساحل کٹ نہ جائے رے مانجھی

ساحل کٹ نہ جائے!

دانشوری

لاکھ غم ہوں مگر مُسکرا کر ملو

اپنا دُکھ درد ہرگز نہ ظاہر کرو

محفلوں میں مہکتے بہکتے رہو

کوئی موضوع ہو، فلسفی کی طرح

بے جھجک تبصرہ بھی تو کرتے رہو

رات جب گھر چلو

اپنے بستر پہ لیٹے ہوئے

دن کے زخموں کو گننے کی کوشش کرو۔

ایک نظم

گلِ تر ہے وہ میری چاہتوں کا

آرزوؤں، خواہشوں کا

اُسے ہنستا ہوا دیکھوں

اُچھالوں وسعتوں میں

تیرگی میں روشنی بھردوں

زباں بن جاؤں اس کی

زندگی کو پھول لکھ دوں

گھڑی بھر کے لیے / میں

خود کو آسودہ تو کرلوں۔

یادیں

وہی چہرہ، وہی گیسو، وہی رُخسارِ جمیل

وہی معصوم جوانی، وہی مخمور آنکھیں

وہی ترشے ہوئے بازو، وہی بانہوں کا گداز

ٹکٹکی باندھ کے دیکھا ہے تمہیں دیر تلک

دِل میں یادوں نے کچھ اس طرح سے انگڑائی لی

جیسے گھنگھور گھٹاؤں میں کوئی بجلی چمکے

پھر اچانک مری آنکھوں سے ستارے ٹوٹے

منتشر ہو گئی اشکوں سے تمھاری تصویر

اب وہ چہرہ نہ وہ یادیں نہ وہ رُخسارِ جمیل

ملگجی لگتی ہے احساس کے روزن میں کرن

پھر غمِ ذات نے محسوس کیا ہے ایسے!

زندگی حسنِ تمنا کا پتہ پوچھتی ہے

نیند آنکھوں سے غزالوں کو اُڑا دیتی ہے

رات اس طور بسر ہوتی ہے جیسے کوئی

دل کے ویرانے میں دستک کی صدا سنتا ہو

صبح دم ذات کی اُلجھن میں بسر کرتا ہو!

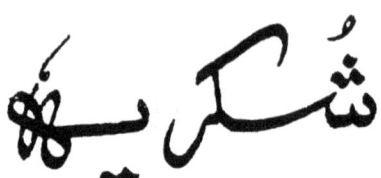

شکریہ

پروفیسر غلام عمر خاں کا

جنھوں نے اپنی گوناگوں مصروفیات کے باوجود اس کتاب کو پڑھنے کی زحمت گوارا کی اور اپنے تاثرات سے نوازا۔

ڈاکٹر مغنی تبسم کا

جن سے میں نے اکتسابِ فن کیا ہے اور جنھوں نے اس کتاب کا تعارف تحریر فرمایا۔

برادرم وقار خلیل کا

جنھوں نے اس کتاب کی ترتیب و تدوین میں میرے ساتھ تعاون کیا۔

جناب انور مسعود کا

جنھوں نے اس کتاب کی اشاعت کی تمام تر ذمہ داری قبول کی اور اسے بحسن و خوبی انجام دیا۔

ارباب آندھرا پردیش اردو ٹرسٹ کا

جنھوں نے اس مجموعۂ کلام کی اشاعت کے لیے جزوی امداد منظور کی۔